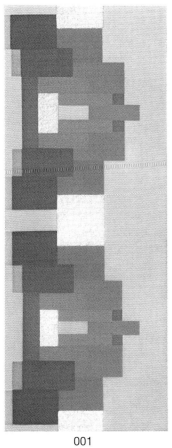

001

002

003

004

Edouard Benedictus   1

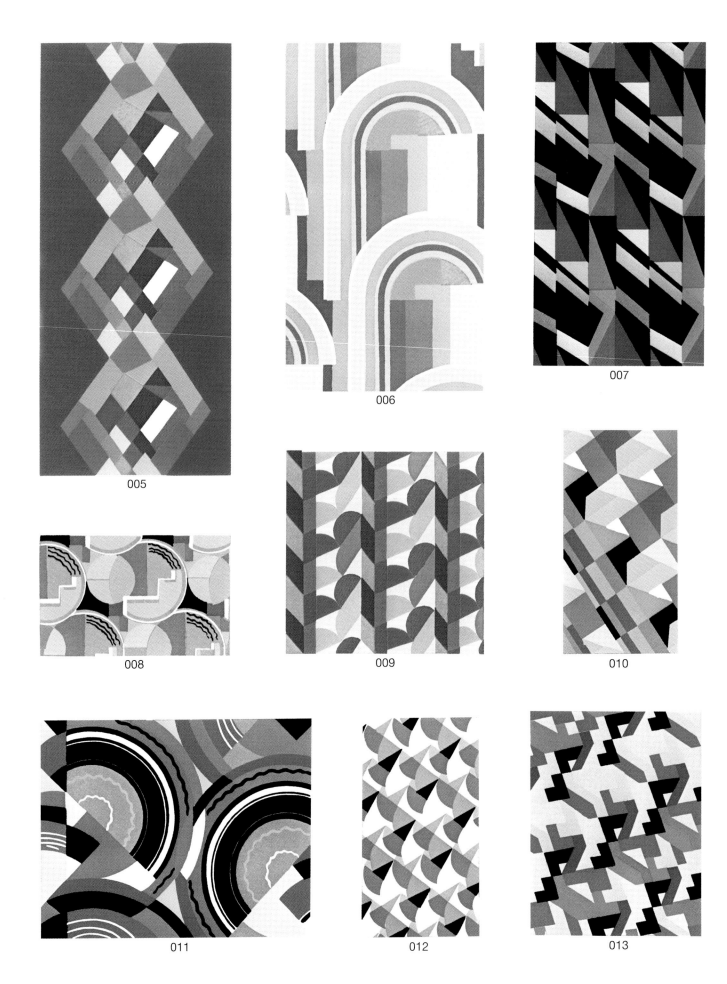

005

006

007

008

009

010

011

012

013

014

015

016

014. V. Boberman. **015, 016.** Yvonne Bouchard

017

018

019

020

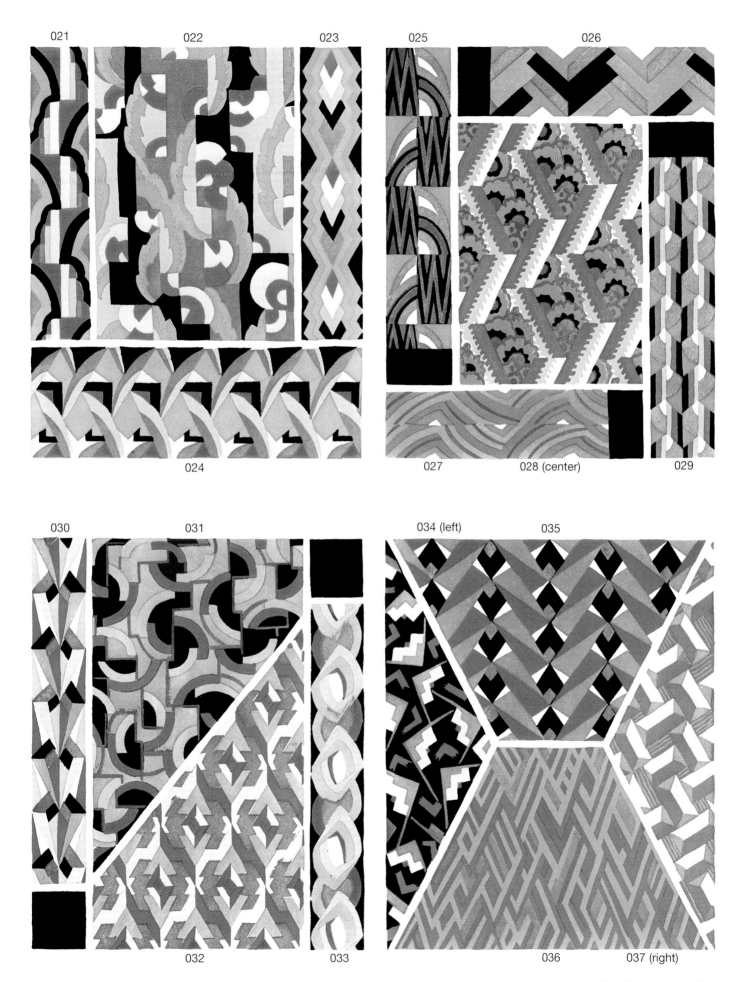

021   022   023

024

025   026

027   028 (center)   029

030   031

032   033

034 (left)   035

036   037 (right)

A. Garcelon   5

038

039

040

041

042

043

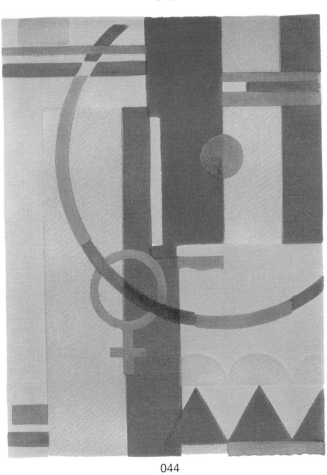

044

045

Serge Gladky   7

046

047

048

049

8   Serge Gladky

050

051

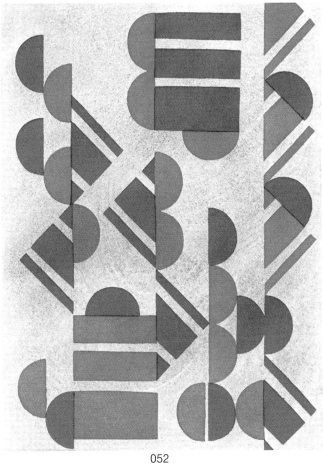

052

053

Serge Gladky   9

054

055

056

057

058

059

060

061

Serge Gladky   11

062

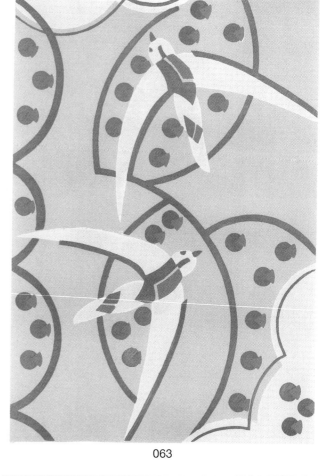

063

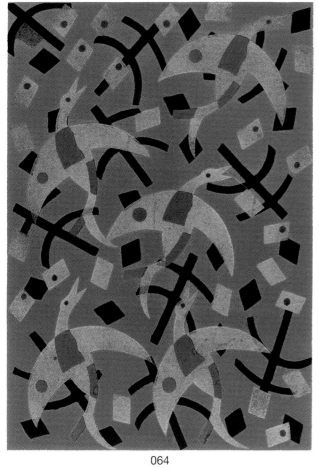

064

065

066

067

068

069

070

071

14   Serge Gladky

Serge Gladky   15

074

073

076

075

Serge Gladky   17

078

077

18   Serge Gladky

080

079

082

081

Serge Gladky   21

085

086

087

088

089

090

091

092

Serge Gladky   23

095

093

094

097

096

Serge Gladky   25

098

099

100

101

26   Serge Gladky

102

103

104

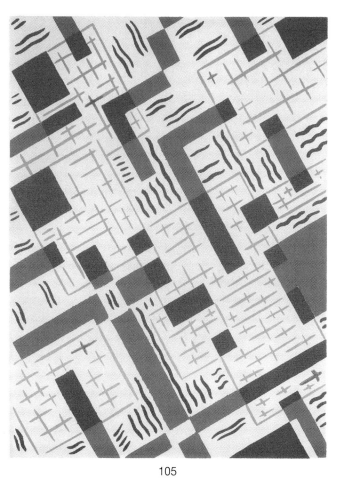

105

Serge Gladky   27

107

106

109

108

Serge Gladky   29

111

110

113

112

114

115

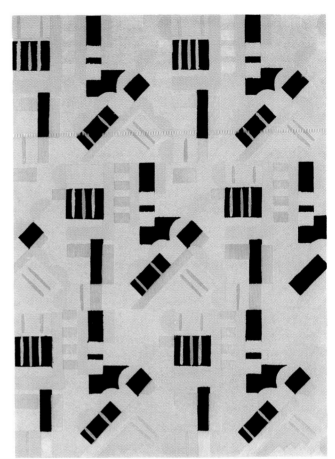

116

117

118

Serge Gladky   33

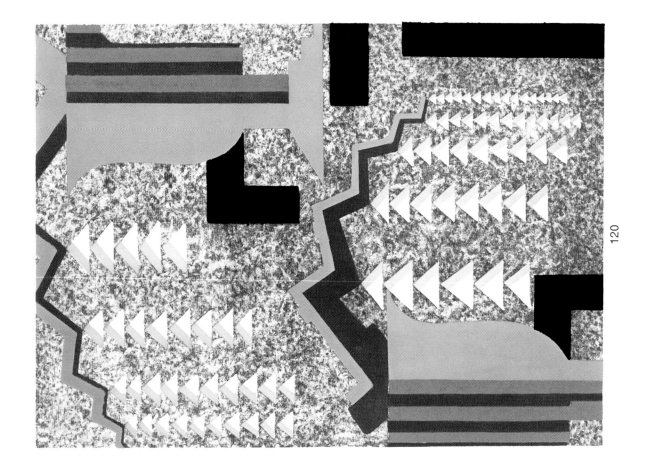

120

119

34   E. A. Seguy

122

121

E. A. Seguy   35

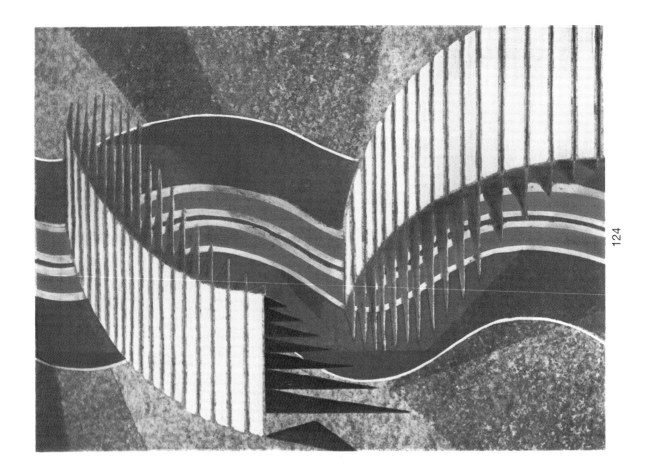

124

123

126

125

E. A. Seguy　37

127

128

129

130

131

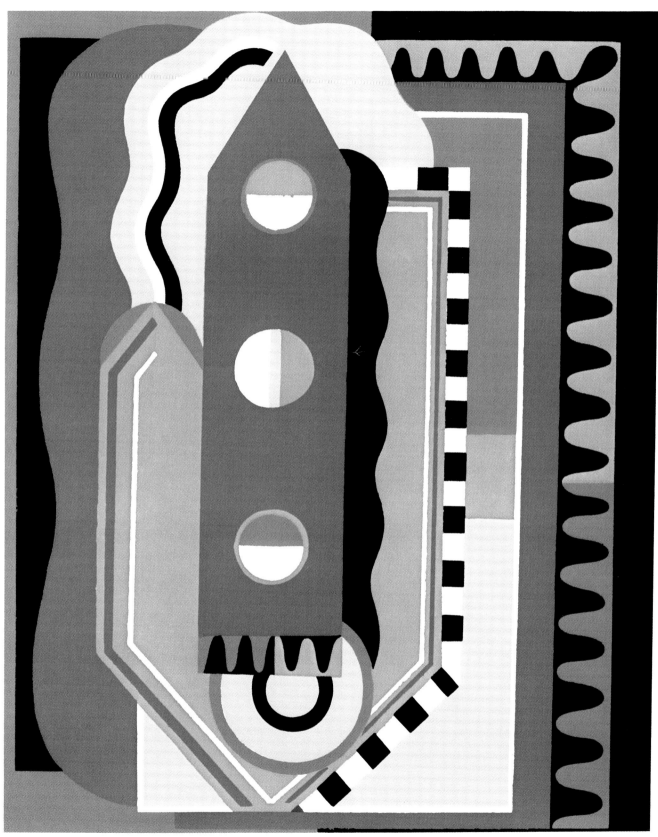

132

133

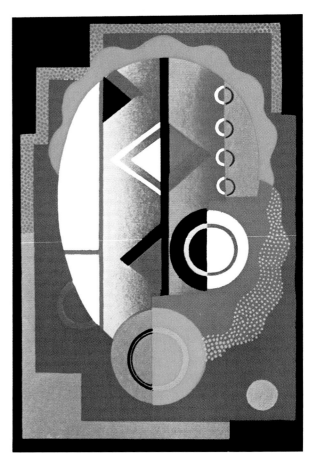

134

135

136

137

138

139

140

141

142

143

144

145

146

147

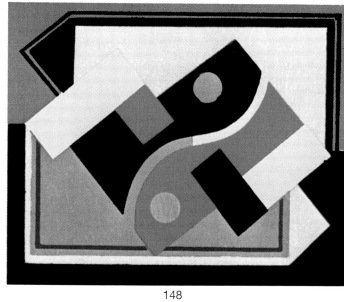

148

149

150

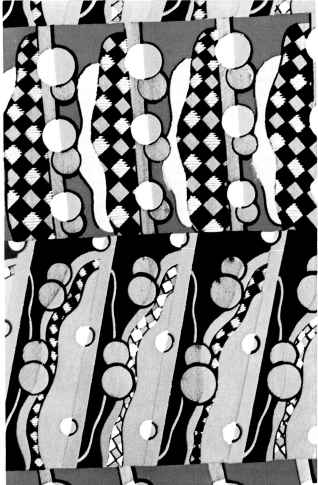

151

152

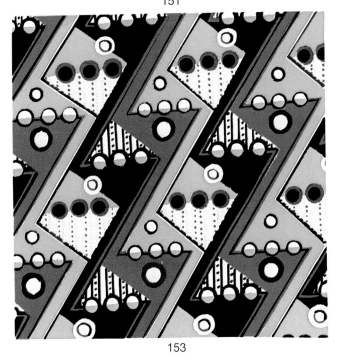

153

154

155

156

157

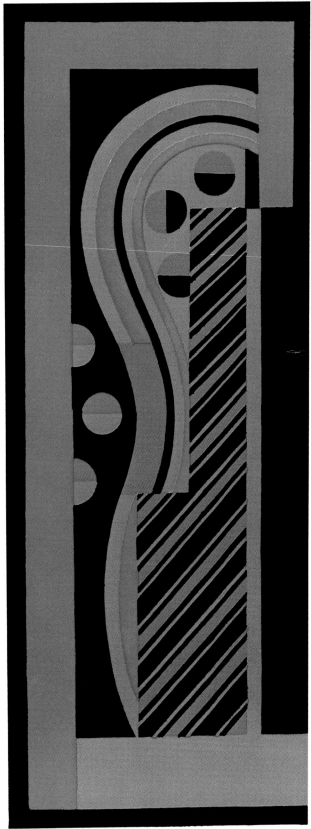

158

159

46   Georges Valmier

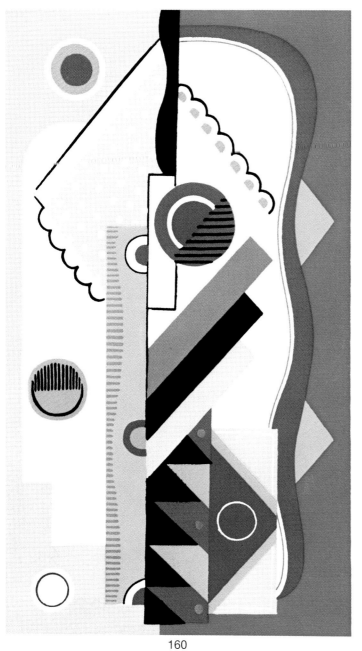

160

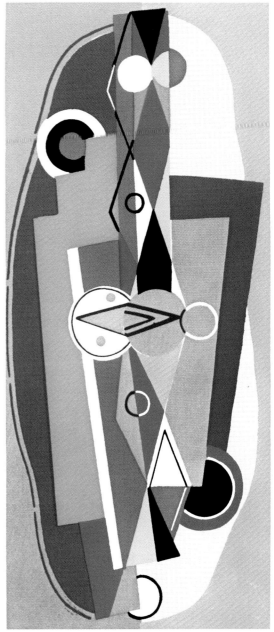

161

162

163

164

165

166

167

168

169

170

171

172

173 (all)